# ¡Alístate!

## Empoderada Con Propósito

### Guía de Estudio de la Guerra Espiritual de la Información

LILLIAN LAITMAN

FINA PRESS™

FINA PRESS

# Contenido

# Plan para la guerra de la información

Las tácticas militares modernas incluyen una estrategia llamada guerra de la información, que se ha definido como "cualquier acción para anular, neutralizar, contrarrestar o destruir la información del enemigo y sus funciones; protegernos contra sus acciones; y aprovechar nuestras propias funciones de información militar". A medida que descubrimos cómo prepararnos adecuadamente para las batallas que enfrentamos, también debemos aprender a bloquear las líneas de comunicación del enemigo con nuestra mente y corazón.

Por eso, al final de cada capítulo, encontrarás un Plan para la Guerra de la Información, que incluye versículos de las Escrituras para estudiar diariamente y profundizar en el arma de cada capítulo. Cuando leemos la Palabra de Dios esta se convierte en un arma poderosa para combatir las estrategias del enemigo para engañarnos. La oración también es un arma poderosa en nuestro arsenal porque cuando declaramos la Palabra de Dios en voz alta a través de la oración, nuestra fe se activa y debilita la estrategia de comunicación del enemigo.

Te recomiendo dedicar tiempo para asimilar la información de cada capítulo. Los pasajes de las Escrituras que se sugieren al final, son versículos cuidadosamente escogidos para que medites y asimiles la Palabra de Dios durante una semana. En lugar de apresurarte al siguiente capítulo, tómate un tiempo diario para leer las Escrituras recomendadas, meditar en ellas, orar sobre ellas, escribir notas en un diario sobre lo que Dios hable a tu corazón y luego, cuando las hayas estudiado todas, pasa al siguiente capítulo.

La oración es fundamental para nuestra victoria. La oración no es algo que limitamos a una vez a la semana en la iglesia, ni una vez al día cuando nos levantamos en la mañana. Debemos orar todo el día, todos los días (1 Tesalonicenses 5:16-17). La oración no es sólamente arrodillarse durante horas. Hay muchas maneras de orar. Puedes orar mientras conduces (¡con los ojos abiertos!). O puedes hacer una "oración tipo bala", una oración rápida y específica, mientras el Espíritu Santo te guía en qué o por quién orar.

Cualquiera que sea la manera en que ores, lo importante es que ores.
**Hay poder en la oración,**
ya sea la que se eleve en voz alta o en silencio.

# La armadura de Dios es nuestra fuerza

Como mujeres, a menudo usamos muchos sombreros diferentes. En el trabajo, es posible que estemos supervisando a un equipo de compañeros. Nos enfrentamos diariamente a los factores estresantes de cumplir los objetivos y esquivar la política de la oficina, además de estar sobrecargadas en el trabajo. En casa, cuidamos a los miembros de la familia: nuestro cónyuge, tal vez hijos, padres ancianos o familiares que necesitan nuestro apoyo. También somos responsables de hacer las compras, cocinar, limpiar, pagar las facturas, lavar la ropa, y la lista continúa. En la comunidad, puede que estemos comprometidas con nuestra iglesia local o participemos en actividades extracurriculares.

¡Es agotador solo leerlo!

Por estas razones, es importante que aprendamos a caminar diariamente con las fuerzas que Dios nos ha dado. Caminar con nuestras propias fuerzas, que no han sido probadas en el fuego y cuyo temple no ha sido puesto a prueba, nos hace vulnerables a los ataques y expone nuestras debilidades, como en el caso de mi superheroína la Mujer Maravilla.

La Biblia nos advierte que tengamos cuidado con las flechas de fuego del enemigo. También dice: "Porque las armas de nuestra milicia no son carnales, sino poderosas en Dios, para la destrucción de fortalezas, derribando argumentos y toda altivez que se levanta contra el conocimiento de Dios, y llevando cautivo todo pensamiento a la obediencia a Cristo" (2 Corintios 10:4-5).

Cada capítulo de este libro te mostrará cómo alistarte para la batalla con esta armadura invisible de Dios. Parecería que hay seis piezas de armadura, pero en la revelación que Dios compartió conmigo para este libro, hay siete, que describo en la siguiente tabla.

| Arma | Su propósito |
| --- | --- |
| 1. Cinturón de la verdad | Sujeta y mantiene todo unido. Indica el hecho de que necesitamos estar cimentadas en la verdad de la Palabra de Dios. |
| 2. Coraza de justicia | Protege nuestro corazón, el asiento de nuestras emociones, y nos recuerda que procurar Su justicia nos ayuda a evitar el pecado. |
| 3. Calzado de la paz | Nos ayuda a asumir una "postura preparada" y a luchar por lo que sabemos que es verdad; también nos permite estar preparadas para compartir la Palabra de Dios con otros. |
| 4. Escudo de la fe | Bloquea los dardos de fuego del enemigo contra los ataques a nuestra mente; muestra que tener una fe sólida en Dios nos mantiene firmes incluso en medio de la batalla. |
| 5. Yelmo de la salvación | ¡Sin cabeza, estamos muertas! Indica que sin salvación, no hay vida en el Espíritu. |
| 6. La Espada del Espíritu: la Palabra de Dios | La única arma ofensiva de esta lista; nos recuerda que debemos estar cimentadas en la Palabra de Dios para luchar contra la tentación y los ataques espirituales. |

    ¡Alístate! Empoderada Con Propósito

7.  La Espada del Espíritu— Oración

Una vez que hemos leído la Palabra y la hemos digerido en nuestro espíritu, debemos verbalizarla en oración para que se active a través de nuestra profesión de fe.

Todo este libro se basa en este pasaje de Efesios 6:

*Finalmente, confíen en el gran poder del Señor para fortalecerse. Protéjanse contra los engaños del diablo con toda la armadura que les da Dios. Nuestra lucha no es contra seres humanos, sino contra gobernantes, contra autoridades, contra poderes de este mundo oscuro y contra fuerzas espirituales malignas del cielo. Por esta razón vístanse con toda la armadura de Dios. Así soportarán con firmeza cuando llegue el día del ataque de Satanás y después de haber luchado mucho todavía podrán resistir. Entonces manténganse firmes, pónganse el cinturón de la verdad y protéjanse con la coraza de la justicia. Prepárense poniéndose el calzado de anunciar las buenas noticias de paz. Pero sobre todo, tomen el escudo de la fe para detener las flechas encendidas del maligno. Utilicen la salvación como casco protector. Tomen la espada del Espíritu, que es la Palabra de Dios. Oren y pidan siempre con la ayuda del Espíritu. Manténganse alerta y no dejen de orar por todo el pueblo santo.*

—Efesios 6:10–18

# Cómo usar esta guía de estudio

Esta guía de estudio bíblico de siete días basada en Efesios 6:10-18 puede ayudarte a profundizar tu comprensión de la guerra espiritual y equiparte con toda la armadura de Dios para enfrentar los desafíos de la vida con fe y fortaleza. Esta guía está dividida en siete secciones, cada una de las cuales corresponde a la armadura de Dios como se identifica en el libro principal, *¡Alístate! Empoderada Con Propósito*.

Esta guía está estructurada para el estudio individual o grupal e incluye estrategias personalizadas para cada día, para aprovechar al máximo tu tiempo con Dios y aumentar tu comprensión de Su Palabra. Estas preguntas de reflexión y análisis pueden enriquecer las sesiones de estudio bíblico individuales o grupales al fomentar una reflexión más profunda sobre las Escrituras y facilitar conversaciones significativas sobre la fe y la aplicación en la vida diaria.

## Lunes: Establecimiento de Metas y Planificación

- **Reflexiona sobre la semana anterior:** Tómate el tiempo para revisar tu progreso, identificar áreas de mejora y celebrar tus logros.

- **Establece objetivos semanales:** Define objetivos claros y factibles para la próxima semana, incluyendo tareas y plazos específicos.

- Crea un horario de estudio: Planifica tiempos de estudio dedicados en función de tus objetivos y prioriza las tareas de acuerdo a esos objetivos.

- Organiza los materiales de estudio: Reúne todos los recursos, notas y materiales en línea necesarios para un acceso eficiente durante toda la semana.

## Martes: Aprendizaje Activo y Toma de Notas

- Participa en el aprendizaje activo: Concéntrate en métodos de aprendizaje interactivos, como resumir, parafrasear y aplicar conceptos.

- Desarrolla técnicas efectivas para tomar notas: Experimenta con varios métodos como los mapas mentales o el método del esquema.

- Resalta la información clave: Entrénate para identificar y resaltar los puntos importantes mientras lees o escuchas sermones o podcasts.

- Revisa y corrige las notas con regularidad: Consolida tu comprensión revisando tus notas periódicamente.

## Miércoles: Profundización en los Conceptos

- Profundiza en los conceptos básicos: Dedica un tiempo generoso para comprender a fondo los conceptos y principios clave.

- Investiga y complementa el conocimiento: Ve más allá del libro y explora recursos adicionales. Hay tantas herramientas y recursos bíblicos en línea que son completamente gratuitos. Aprovéchalos para extraer de la Palabra.

- Busca una aclaración: Si te encuentras con alguna duda, comunícate con tu pastor o líder espiritual para obtener más aclaraciones.

## Jueves: Aprendizaje Colaborativo

- Forma grupos de estudio: Colabora con amigas o personas de la iglesia para discutir e intercambiar ideas, compartir perspectivas y aclarar dudas.

- Lleva a cabo discusiones grupales: Organiza sesiones de estudio en las que puedan repasar colectivamente y enseñarse conceptos unas a otras.

- **Compañera de oración:** Intercambia información de contacto dentro del grupo y asigna a cada persona una compañera de oración.
- **Comparte recursos y materiales de estudio:** Crea un repositorio compartido de recursos útiles para mejorar las lecciones aprendidas cada semana.

## Viernes: Revisión y Consolidación

- **Revisa el material de la semana:** Separa tiempo para consolidar tu aprendizaje de la semana, enfocándote en temas difíciles o áreas de debilidad.
- **Crea notas de resumen:** Desarrolla resúmenes condensados para cada tema, capturando las ideas principales y los puntos clave.
- **Utiliza ayudas para la memoria:** Utiliza técnicas de memoria como acrónimos, visualización o narración de historias para ayudar a la retención.
- **Diario:** Evalúa tu comprensión escribiendo en un diario pensamientos/ preguntas/ideas que más resonaron contigo durante la semana.

## Sábado: Aplicación y Práctica

- **Aplica el conocimiento a escenarios del mundo real:** Busca formas de aplicar lo que has aprendido e incorpóralo a situaciones cotidianas.
- **Busca retroalimentación:** Solicita comentarios, reacciones o recomendaciones de tus profesores, mentores o compañeros sobre tu trabajo para identificar áreas de mejora.
- **Reflexiona y mejora:** Analiza tu desempeño, identifica fortalezas y debilidades, y haz los ajustes necesarios.

## Domingo: Relajación y Autocuidado

- **Tómate un descanso:** Asigna tiempo para relajarte, realizar actividades de ocio y rejuvenecimiento.
- **Practica el autocuidado:** Participa en actividades que promuevan el bienestar espiritual, mental y físico, como escribir en un diario qué versículo, o versículos te hablaron más durante la semana pasada. Haz

algo de ejercicio, incluso si solo se trata de una caminata de 30 minutos o de pasatiempos que disfrutes.

- **Prepárate para la próxima semana:** Programa tu tiempo de estudio bíblico para que nada interfiera con él. Al igual que el ejercicio físico, el ejercicio espiritual debe convertirse en una parte regular de tu rutina.

## Conclusión

Al implementar las estrategias delineadas para cada día de la semana, estarás mejor preparada para absorber completamente la Palabra y reflexionar sobre cuáles son las conclusiones que el Espíritu Santo te está mostrando.

¡Vamos a sumergirnos!

## Capítulo 1

# La fuerza no siempre se parece a la Mujer Maravilla

Nos enfrentamos a los factores diarios estresantes de cumplir los objetivos y esquivar la política de la oficina, además de estar sobrecargadas de trabajo. En casa, cuidamos a los miembros de la familia: nuestro cónyuge, tal vez hijos, padres ancianos o familiares que necesitan nuestro apoyo. También somos responsables de comprar comestibles, cocinar, limpiar, pagar facturas, lavar ropa, y la lista continúa. En la comunidad, podemos estar comprometidas con nuestra iglesia local o participar en actividades extracurriculares.

Por estas razones, es importante que aprendamos a caminar diariamente con la fuerza que Dios nos ha dado. Caminar con nuestras propias fuerzas, que no han pasado por el fuego y cuyo temple no ha sido puesto a prueba, nos hace vulnerables a los ataques y expone nuestras debilidades, como en el caso de mi superheroína, la Mujer Maravilla.

Necesitamos aprender a equilibrar todas nuestras relaciones porque cada persona que entra en nuestras vidas está ahí por una razón. Las personas no entran en nuestras vidas por accidente. Hay una razón por la que nuestros mundos han chocado. Hay algo que solo tú puedes ofrecer y que otros necesitan experimentar. A través de nuestros dones y talentos, podemos vivir la vida en voz alta para Dios.

**Lecturas diarias recomendadas**

**Día 1:** Efesios 6:10–11

**Día 2:** Efesios 6:12

**Día 3:** Efesios 6:13

**Día 4:** Efesios 6:14

**Día 5:** Efesios 6:15

**Día 6:** Efesios 6:16–17

**Día 7:** Efesios 6:18

## Día 1: Efesios 6:10–11

Reflexión y análisis:

¿Qué significa ser fuerte en el Señor?

 ¡Alístate! Empoderada Con Propósito

¿Por qué es importante estar al tanto de las maquinaciones del diablo?

_______________________________________________

_______________________________________________

_______________________________________________

_______________________________________________

_______________________________________________

_______________________________________________

_______________________________________________

¿Cómo puedes ponerte toda la armadura de Dios en tu vida diaria?

_______________________________________________

_______________________________________________

_______________________________________________

_______________________________________________

_______________________________________________

_______________________________________________

_______________________________________________

# Día 2: Efesios 6:12

## Reflexión

Escribe los pasos que puedes tomar para mantenerte firme cuando tu fe es atacada.

______________________________________________

______________________________________________

______________________________________________

______________________________________________

______________________________________________

______________________________________________

______________________________________________

## Análisis

¿Qué quiso decir el apóstol Pablo cuando afirma "…contra los espíritus malignos en las regiones celestiales"? (Ver Efesios 2:7, 3:10-11; Daniel 10:1-13)

______________________________________________

______________________________________________

______________________________________________

______________________________________________

______________________________________________



¡Alístate! Empoderada Con Propósito

¿Contra quién o contra qué es nuestra verdadera batalla, según este versículo?

¿De qué manera el entender esta batalla espiritual cambia tu perspectiva sobre los desafíos y conflictos diarios?

¿Cómo puedes mantenerte firme en tu fe en medio de la guerra espiritual?

_______________________________________________

_______________________________________________

_______________________________________________

_______________________________________________

_______________________________________________

_______________________________________________

_______________________________________________

## Día 3: Efesios 6:13

### Reflexión

Haz una lista de ejemplos de situaciones en las que mantenerte firme en tu fe marcó la diferencia.

_______________________________________________

_______________________________________________

_______________________________________________

_______________________________________________

_______________________________________________

_______________________________________________

¿Cuál es el significado de "mantenerte firme" frente al mal?

 

¿De qué manera el ponerte toda la armadura de Dios te prepara para los desafíos de la vida?

 

# Día 4: Efesios 6:14

## Reflexión

Piensa en las formas en que puedes asegurarte de que la integridad sea una parte integral de tu vida.

## Análisis

¿Qué representa el «cinturón de la verdad» en toda la armadura de Dios?

¿De qué manera la rectitud te protege espiritualmente?

________________________________________

________________________________________

________________________________________

________________________________________

________________________________________

________________________________________

________________________________________

## Día 5: Efesios 6:15

### Reflexión

Reflexiona sobre cómo el Evangelio trae paz a tu vida.

________________________________________

________________________________________

________________________________________

________________________________________

________________________________________

________________________________________

¿Qué significa tener "los pies calzados con la disposición de proclamar el evangelio de paz"?

_________________________________________________

_________________________________________________

_________________________________________________

_________________________________________________

_________________________________________________

_________________________________________________

¿Cómo puedes ser una pacificadora en tus relaciones y en tu comunidad?

_________________________________________________

_________________________________________________

_________________________________________________

_________________________________________________

_________________________________________________

_________________________________________________

_________________________________________________

# Día 6: Efesios 6:16–17



Reflexiona sobre el simbolismo del escudo de la fe y el yelmo de la salvación.



¿Cómo te protege la fe de los ataques del maligno?

¿Cómo puedes usar la «espada del Espíritu» (la Palabra de Dios) en tu vida diaria?

_______________________________________________

_______________________________________________

_______________________________________________

_______________________________________________

_______________________________________________

_______________________________________________

_______________________________________________

_______________________________________________

## Día 7: Efesios 6:18

### Reflexión

Reflexiona sobre la importancia de orar por los hermanos creyentes y por la comunidad en general.

_______________________________________________

_______________________________________________

_______________________________________________

_______________________________________________

_______________________________________________

_______________________________________________

_______________________________________________

_______________________________________________



¡Alístate! Empoderada Con Propósito

¿Por qué la oración es un aspecto crucial de la guerra espiritual?

_______________________________________________

_______________________________________________

_______________________________________________

_______________________________________________

_______________________________________________

_______________________________________________

¿Cómo puedes incorporar la oración regular a tu rutina diaria?

_______________________________________________

_______________________________________________

_______________________________________________

_______________________________________________

_______________________________________________

_______________________________________________

# NOTAS



¡Alístate! Empoderada Con Propósito

## Capítulo 2

# Ata las mentiras con la verdad

Me parece apropiado que la primera pieza de la armadura espiritual que aparece en Efesios 6 sea el cinturón de la verdad, porque Juan 14:6 dice que Jesús es "el camino, la verdad y la vida" (RVR). En la época romana, el cinturón desempeñaba un papel fundamental en la eficacia de la armadura de un soldado. El cinturón era donde el soldado colocaba su espada. Sin el cinturón, podría estar perdiendo su arma más importante. Para los creyentes, el cinturón sostiene la espada del Espíritu, uniendo la verdad y la Palabra de Dios (Juan 17:17). Sin entender lo que es la verdad, podemos ser fácilmente engañados (Efesios 4:14). Y el engaño es el arma principal del enemigo contra el cinturón de la verdad.

Dios desea la verdad, la sinceridad, en lo más íntimo de nuestras vidas (Salmo 51:6). Cuando actuamos con corazones sinceros, caminando en la verdad y en integridad, podemos mantenernos firmes.

La fuente de la verdad es Jesucristo porque Él *es* la verdad. Jesús dijo: "Yo soy el camino, *la verdad* y la vida. Nadie viene al Padre sino por mí" (Juan 14:6, énfasis añadido). Y al llegar a conocer a Jesús a nivel personal, comienzas a entender que Él es la verdad que te libera de los grilletes del pecado y de las cargas que este mundo acumula sobre tus hombros.

## Lecturas diarias recomendadas

**Día 1:** Salmo 119:160

**Día 2:** Efesios 4:21–25

**Día 3:** Juan 8:32

**Día 4:** Deuteronomio 28:13

**Día 5:** 1 Juan 1:5–9

**Día 6:** Salmo 145

**Día 7:** Proverbios 14:1–7

## Día 1: Salmo 119:160

### Reflexión

¿Qué significa que la Palabra de Dios es verdadera desde el principio?

¿Cómo podemos aplicar la verdad de la Palabra de Dios en nuestra vida diaria?

\
\
\
\
\
\

## Día 2: Efesios 4:21–25

### Reflexión

¿Qué significa "despojarse" del viejo yo y "vestirse" del nuevo yo en Cristo?

\
\
\
\
\
\

¿Cómo podemos vivir de manera práctica esta transformación en nuestras relaciones y acciones?

## Día 3: Juan 8:32



Contempla la libertad que proviene de conocer la verdad.

¿De qué manera el conocer y aceptar la verdad puede liberarnos en nuestra vida?

¿Cuál es la conexión entre la verdad y la libertad, como se menciona en este versículo?

# Día 4: Deuteronomio 28:13



Considera las bendiciones de la obediencia que se mencionan en este versículo.

<br><br><br><br><br><br>

## Análisis

¿De qué manera el vivir de acuerdo con los caminos de Dios conduce al éxito y a la victoria?

<br><br><br><br><br><br>

Reflexión

# Día 5: 1 Juan 1:5–9

## Reflexión

¿Qué significa caminar en la luz, confesar nuestros pecados y el perdón en Cristo?

## Análisis

¿Cómo nos impacta el perdón y la purificación de Dios en nuestra relación con Él?

# Día 6: Salmo 145



¿De qué manera el alabar a Dios por Sus atributos puede fortalecer tu fe?

_____________________________________________________________

_____________________________________________________________

_____________________________________________________________

_____________________________________________________________

_____________________________________________________________

## Análisis

Comparte aspectos de la grandeza y fidelidad de Dios que resuenan en ti.

_____________________________________________________________

_____________________________________________________________

_____________________________________________________________

_____________________________________________________________

_____________________________________________________________

_____________________________________________________________

# Día 7: Proverbios 14:1–7

## Reflexión

Compara y contrasta lo sabio y lo insensato como se describe en estos versículos.

## Análisis

¿Qué podemos aprender acerca de las consecuencias de nuestras palabras y acciones?

# NOTAS

**Capítulo 3**

# Vuélvete a prueba de balas

L a Mujer Maravilla usaba sus brazaletes para desviar las balas, pero también estaban destinados a mantener su fuerza a un nivel manejable y no convertirse en esclava de ellos. De manera similar, nuestras emociones, si no se controlan, nos llevarán a una forma de esclavitud a nuestros sentimientos. Tenemos la opción de convertirnos en esclavos de nuestras emociones o proteger el asiento de estas, nuestro corazón, viviendo una vida recta.

Ser justos no significa que seamos más "santos" o mejores que los demás; nuestras buenas obras son "como trapos de inmundicia" (Isaías 64:6, RVR). Nuestra justicia nos es dada por un Dios santo; Solo Él es justo. Cuando aprendemos a usar Su justicia y le damos a Jesús el control sobre nuestros corazones y emociones, entonces Él puede protegernos de las cosas que hieren profundamente nuestras almas, incluyendo emociones como la condenación, la baja autoestima, la depresión, el miedo, la ansiedad, la falta de perdón y el resentimiento. En cierto sentido, podemos llegar a ser alguien a prueba de balas.

## Lecturas diarias recomendadas

**Día 1:** Proverbios 4:23

**Día 2:** Romanos 6:18; 15:13

**Día 3:** 2 Corintios 10:4-5

**Día 4:** Efesios 4:23-24

**Día 5:** Hebreos 4:12–13

**Día 6:** 1 Samuel 16:6–7

**Día 7:** Isaías 61:3

## Día 1: Proverbios 4:23

### Reflexión

Medita sobre cómo proteger tu corazón y su significado.

¿Por qué es importante guardar el corazón en la vida cristiana? ¿Cómo podemos proteger de manera activa nuestro corazón de las influencias negativas?

___________________________________________

___________________________________________

___________________________________________

___________________________________________

___________________________________________

___________________________________________

## Día 2: Romanos 6:18; 15:13

### Reflexión

Explora la conexión entre la libertad, el gozo y la esperanza en Cristo.

___________________________________________

___________________________________________

___________________________________________

___________________________________________

___________________________________________

___________________________________________

¿Cómo puede el enfoque en la esperanza de Dios llenarnos de gozo y paz?

---

## Día 3: 2 Corintios 10:4-5



Considera los pensamientos que deberías haber tomado cautivos esta semana.

---



---

¿Cómo podemos combatir de manera práctica los pensamientos negativos o dañinos?

___________________________________________

___________________________________________

___________________________________________

___________________________________________

___________________________________________

___________________________________________

___________________________________________

## Día 4: Efesios 4:23-24

Reflexión

¿Qué significa ser renovada en el espíritu de tu mente?

___________________________________________

___________________________________________

___________________________________________

___________________________________________

___________________________________________

___________________________________________

¿Cómo podemos revestirnos de manera activa del nuevo yo en Cristo?

## Día 5: Hebreos 4:12–13



¿Cómo sirve de herramienta de discernimiento la Palabra de Dios en nuestras vidas, pensamientos e intenciones?

¿De qué maneras puede ayudarnos la Palabra de Dios a entender nuestros pensamientos e intenciones?

---

## Día 6: 1 Samuel 16:6–7



Contempla la perspectiva de Dios, mirando el corazón en lugar de las apariencias.

¿Cómo podemos evitar hacer juicios basados únicamente en las apariencias externas?

---

---

---

---

---

---

---

## Día 7: Isaías 61:3

### Reflexión

Medita a cerca de el simbolismo de la belleza por cenizas y el aceite de alegría. ¿Qué significa esta frase?

---

---

---

---

---

¿De qué manera Dios ha traído belleza y gozo a tu vida a través de circunstancias difíciles?

# NOTAS



¡Alístate! Empoderada Con Propósito

**Capítulo 4**

# Con las botas en el tierra

Estamos constantemente bajo ataque, y contamos con un arma que nos pone a la defensiva. Nos defendemos asumiendo una "postura lista" para mantenernos firmes en la Palabra de Dios y entender Su gracia sin abusar de ella. Debemos estar listas para compartir Su Palabra con otros y testificarles de lo que ha hecho en nuestras vidas.

Ser cristianas no nos da el derecho de pisotear a los demás ni permitir que nos usen como alfombra. Sin embargo, debemos estar preparadas en todo momento para llevar el "evangelio de la paz" a toda la humanidad, ya sea de palabra o de hecho, y hacerlo a la velocidad del rayo. No lo dudes: si ves una oportunidad, ¡aprovéchala!

**Lecturas diarias recomendadas:**

Día 1: Juan 14:26–27

Día 2: Isaías 26:3

Día 3: Juan 16:33

Día 4: Filipenses 4:6–7

Día 5: 1 Corintios 14:33

Día 6: Isaías 53:5

Día 7: Salmo 122

# Día 1: Juan 14:26–27



Jesús nos da Su paz perfecta a través de la persona del Espíritu Santo. ¿Cuál es el significado de que Jesús nos promete al Espíritu Santo como nuestro Consolador y la paz que Él da?

## Análisis

¿De qué manera la presencia del Espíritu Santo ha traído paz a tu vida durante tiempos difíciles?

# Día 2: Isaías 26:3

## Reflexión

Contempla la paz perfecta que se encuentra al confiar en Dios. ¿De qué manera la confianza en Dios conduce a la paz perfecta, según este versículo?

## Análisis

Comparte ejemplos de momentos en los que tu confianza en la soberanía de Dios te trajo paz en situaciones difíciles.

## Reflexión

¿De qué maneras nos exhorta Jesús a animarnos a pesar de los problemas del mundo?

____________________________________________________________

____________________________________________________________

____________________________________________________________

____________________________________________________________

____________________________________________________________

## Análisis

¿Cómo podemos hallar paz y valor en Cristo cuando enfrentamos la adversidad?

____________________________________________________________

____________________________________________________________

____________________________________________________________

____________________________________________________________

____________________________________________________________

____________________________________________________________

____________________________________________________________

# Día 4: Filipenses 4:6–7

## Reflexión

¿Qué significa presentar nuestras peticiones a Dios con acción de gracias para que Su paz guarde nuestros corazones y mentes?

## Análisis

Comparte experiencias personales en las que has encontrado paz por medio de la oración y acción de gracias.

# Día 5: 1 Corintios 14:33



¿Cómo se relaciona el Dios del orden y la paz con nuestras interacciones dentro de la iglesia y nuestras vidas personales?

## Análisis

Comparte formas de promover la paz y el orden en las relaciones y comunidad de tu iglesia.

# Día 6: Isaías 53:5



## Reflexión

Medita en el significado del sacrificio de Cristo por nuestra sanidad y paz.

---

---

---

---

---

---

---

## Análisis

¿De qué manera la comprensión del sacrificio de Jesús trae sanidad emocional y espiritual a nuestras vidas?

---

---

---

---

---

---

# Día 7: Salmo 122



Medita sobre el gozo de reunirte en la casa del Señor, como se describe en este Salmo.



Comparte la importancia de la adoración corporativa y el compañerismo en tu camino espiritual.

**Capítulo 5**

# Toma tu escudo

Una de mis escenas favoritas de la película de la Mujer Maravilla de 2017 es cuando Diana ignora a todos los hombres detractores, revela su armadura, sube una escalera y se lanza a la batalla en la Tierra de Nadie, usando su escudo para mantenerse firme, recibiendo cada golpe para ayudar a los soldados aliados.

Un escudo es un arma ofensiva y defensiva en combate destinada a proteger contra los ataques y salvaguardar a un guerrero mientras enfrenta el fragor de la batalla. Efesios 6:16 dice: "Además de todo esto, tomen el escudo de la fe, con el cual pueden apagar todas las flechas encendidas del maligno". Esa palabra "además" significa que Pablo procuraba hacer entender a los creyentes de Éfeso que su fe era parte importante de su armamento, y que también necesitaban otras piezas para complementarla.

La fe es absolutamente esencial si queremos mantenernos firmes contra la tentación, o "las flechas encendidas del maligno". Mientras que la coraza de la justicia protege nuestros órganos vitales, especialmente nuestro corazón (el alma), el escudo de la fe está destinado a desviar los pensamientos y las palabras negativas (ya sea que se nos digan directamente o a nuestras espaldas) y las tentaciones que nos golpean directa o indirectamente.

Como creyentes, la fe es fundamental para nuestro caminar con Dios. ¿Por qué? Porque "sin fe es imposible agradar a Dios. Todo el que desee acercarse a Dios debe creer que él existe y que recompensa a los que lo buscan con sinceridad" (Hebreos 11:6).

### Lecturas diarias recomendadas:

**Día 1:** Isaías 40:29

**Día 2:** Lucas 5:17–20

**Día 3:** Salmos 57:7

**Día 4:** Santiago 1:2–3

**Día 5:** Santiago 4:7

**Día 6:** Hebreos 11

**Día 7:** Josué 10

## Día 1: Isaías 40:29

### Reflexión

¿Estás pasando por un momento difícil? Escribe tus pensamientos en un diario, medita en este versículo, declara la Palabra en oración y abre tu corazón a Dios.

Comparte ocasiones en las que hayas sentido que la fortaleza de Dios te ha sostenido a través de momentos difíciles.

_______________________________________________

_______________________________________________

_______________________________________________

_______________________________________________

_______________________________________________

_______________________________________________

¿Cómo nos sostiene la fortaleza de Dios cuando somos débiles?

_______________________________________________

_______________________________________________

_______________________________________________

_______________________________________________

_______________________________________________

_______________________________________________

# Día 2: Lucas 5:17–20



¿Qué nos enseña la fe de los amigos que llevaron al paralítico a Jesús?



¿Cómo puede nuestra fe en Cristo llevarnos a tomar medidas audaces para ayudar a otros a encontrarse con Él?

# Día 3: Salmos 57:7



Piensa en un momento de tu vida en el que tuviste miedo y Dios intervino milagrosamente para restaurar tu esperanza en Él.

______________________________________________

______________________________________________

______________________________________________

______________________________________________

______________________________________________

______________________________________________

______________________________________________

## Análisis

Comparte experiencias de encontrar refugio en Dios en tiempos de dificultad o temor.

______________________________________________

______________________________________________

______________________________________________

______________________________________________

______________________________________________

______________________________________________

¿Cómo se relaciona el refugiarse en Dios con encontrar esperanza y seguridad?

_______________________________________________

_______________________________________________

_______________________________________________

_______________________________________________

_______________________________________________

_______________________________________________

## Día 4: Santiago 1:2–3

### Reflexión

Piensa en un momento en el que te diste cuenta de cómo el gozo de Dios eclipsó la prueba que estabas experimentando en ese momento.

_______________________________________________

_______________________________________________

_______________________________________________

_______________________________________________

_______________________________________________

_______________________________________________

¿Cómo podemos mantener el gozo y el crecimiento en la fe en medio de las tribulaciones y las pruebas?

¿Cuál es el propósito de las pruebas y el crecimiento de la fe, de acuerdo a estos versículos?

# Día 5: Santiago 4:7



Explora la conexión entre someterse a Dios y resistir al diablo.



Comparte maneras prácticas de resistir la tentación y someterte a la voluntad de Dios.

# Día 6: Hebreos 11



Estudia ejemplos de fe en la vida de varias figuras bíblicas.



¿Qué historia de fe de un personaje bíblico resuena más en ti y por qué?

# Día 7: Josué 10



Reflexiona sobre la fidelidad de Dios al pelear batallas por Su pueblo.

________________________________________________

________________________________________________

________________________________________________

________________________________________________

________________________________________________

________________________________________________

________________________________________________

## Análisis

Comparte ejemplos de ocasiones en las que Dios intervino en los desafíos de tu vida.

________________________________________________

________________________________________________

________________________________________________

________________________________________________

________________________________________________

________________________________________________

## Capítulo 6

# Una reina en entrenamiento

Tuve la oportunidad de visitar Grecia, un hermoso país lleno de gente encantadora, rica cultura y amplia historia. Durante la visita a la antigua ciudad de Olimpia, pude recorrer un museo que alberga reliquias, incluyendo armas y armaduras antiguas. Durante esa visita, me enteré de que el casco de bronce "Corintio" fue el casco más utilizado en los períodos arcaico y clásico temprano. Con el tiempo, los griegos ajustaron los detalles anatómicos del casco para que se ajustara mejor a la cabeza del guerrero.

Al igual que los antiguos guerreros griegos, tenemos un casco como parte de nuestra armadura, se llama el casco de la salvación. Sirve para proteger nuestra "cabeza", principalmente nuestra relación con Dios y, en segundo lugar, nuestros hogares. Si la cabeza resulta herida en la batalla, entonces el resto del cuerpo no puede funcionar. Del mismo modo, si nuestra relación más crucial se daña, todo en nuestra vida, incluidas todas las demás relaciones, se verá afectado. Hablando a todas mis "hermanas en Cristo", somos reinas en entrenamiento, y como tales debemos proteger y administrar cuidadosamente nuestra salvación y relación con Dios.

**Lecturas diarias recomendadas:**

**Día 1:** Santiago 1:2-3, 12

**Día 2:** Santiago 1:21–22

**Día 3:** Ester 2:15-18

**Día 4:** Ester 4:11-14

**Día 5:** Efesios 2:8

**Día 6:** Filipenses 2:12-13

**Día 7:** Salmos 139:1–6, 13–17

## Día 1: Santiago 1:2-3, 12

### Reflexión

¿Cómo ve Santiago las pruebas como una oportunidad para el gozo y la perseverancia?

Comparte una experiencia personal en la que el enfrentar una prueba te haya llevado al crecimiento espiritual y a la perseverancia.

## Día 2: Santiago 1:21–22

Reflexión

Explora la idea de recibir la Palabra de Dios con mansedumbre y ser hacedores de la Palabra.

Análisis

¿Cómo podemos aplicar de manera práctica la Palabra de Dios en nuestra vida diaria para vivir nuestra fe?

______________________________________________________

______________________________________________________

______________________________________________________

______________________________________________________

______________________________________________________

______________________________________________________

## Día 3: Ester 2:15-18

Reflexión

Considera la preparación de Ester para conocer al rey y sus cualidades de carácter.

______________________________________________________

______________________________________________________

______________________________________________________

______________________________________________________

______________________________________________________

______________________________________________________

¿Cómo podemos desarrollar cualidades de carácter que honren a Dios en nuestra vida?

_______________________________________________

_______________________________________________

_______________________________________________

_______________________________________________

_______________________________________________

_______________________________________________

## Día 4: Ester 4:11-14



Reflexiona sobre el desafío de Mardoqueo a Ester para que se levantase en tal momento como ese.

_______________________________________________

_______________________________________________

_______________________________________________

_______________________________________________

_______________________________________________

_______________________________________________

Observa la importancia de reconocer la providencia y el llamado de Dios en nuestra propia vida.

## Día 5: Efesios 2:8

Reflexión

¿Qué significa ser salvo por gracia a través de la fe?

Comparte cómo la gracia de Dios y la fe han transformado tu vida.

## Día 6: Filipenses 2:12-13

Reflexión

¿Cómo enfatizan estos versículos la asociación entre la obra de Dios y nuestra obediencia?

¿Cómo podemos trabajar de manera activa en nuestra salvación mientras confiamos en la gracia empoderadora de Dios?

_______________________________________________

_______________________________________________

_______________________________________________

_______________________________________________

_______________________________________________

_______________________________________________

_______________________________________________

## Día 7: Salmos 139:1–6, 13–17

### Reflexión

Contempla el conocimiento íntimo que Dios tiene de ti como se describe en este Salmo.

_______________________________________________

_______________________________________________

_______________________________________________

_______________________________________________

_______________________________________________

_______________________________________________

¿De qué manera el entender el profundo conocimiento que Dios tiene de nosotros influye en nuestra relación con Él?

# NOTAS



¡Alístate! Empoderada Con Propósito

**Capítulo 7**

# La asesina de dioses

La espada descrita en Efesios 6, la espada del Espíritu, que es la Palabra de Dios, es un arma ofensiva contra el enemigo. La usamos para matar a los "dioses" en nuestras vidas, no empuñándola contra el enemigo, sino liberando su verdad a la atmósfera.

La Biblia dice que la Palabra de Dios cumplirá aquello para lo cual fue enviada (Isaías 55:10-11). Cuando declaramos la Palabra de Dios, no solo nos recordamos a nosotras mismas quiénes somos en Él, sino que también asestamos golpes devastadores a nuestro enemigo. En lugar de continuar avanzando contra nosotras, tendrá que huir cuando elijamos creer y afirmar la Palabra de Dios sobre nosotras mismas y nuestra situación.

**Lecturas diarias recomendadas:**

**Día 1:** Mateo 6:9–15

**Día 2:** Romanos 8:24–28

**Día 3:** Daniel 6:8–28

**Día 4:** Daniel 10:7–15

**Día 5:** Lucas 18:1–8

**Día 6:** Marcos 11:24

**Día 7:** Lucas 5:16

# Día 1: Mateo 6:9–15



Explora el Padre Nuestro y su significado en tu relación con Dios.



Comparte cómo el Padre Nuestro ha influido en tu vida de oración y en tu relación con Dios.

Reflexión

## Reflexión

¿De qué manera este pasaje ofrece esperanza y seguridad en los propósitos de Dios?

_______________________________________________

_______________________________________________

_______________________________________________

_______________________________________________

_______________________________________________

_______________________________________________

## Análisis

Comparte ejemplos en los que hayas visto a Dios obrar todas las cosas para bien en tu vida.

_______________________________________________

_______________________________________________

_______________________________________________

_______________________________________________

_______________________________________________

_______________________________________________

_______________________________________________

### Reflexión

Estudia la historia de Daniel en el foso de los leones y su fe inquebrantable.

### Análisis

¿Cómo podemos aplicar el compromiso de Daniel con la oración y la fidelidad en nuestra propia vida?

# Día 4: Daniel 10:7–15

## Reflexión

Explora el encuentro de Daniel con el ángel y la batalla espiritual.

_______________________________________________

_______________________________________________

_______________________________________________

_______________________________________________

_______________________________________________

_______________________________________________

## Análisis

¿Cómo revela este pasaje la influencia del reino espiritual en nuestra vida?

_______________________________________________

_______________________________________________

_______________________________________________

_______________________________________________

_______________________________________________

_______________________________________________

_______________________________________________

# Día 5: Lucas 18:1–8

## Reflexión

Analiza la parábola de la viuda persistente y la importancia de la oración persistente.

## Análisis

Comparte momentos en los que la oración persistente haya dado lugar a respuestas y ha abierto brechas.

## Día 6: Marcos 11:24

### Reflexión

¿Cómo juega la fe un papel central en la oración según este versículo?

### Análisis

Examina la relación entre la fe y la oración contestada en tu vida.

## Reflexión

Examina la práctica de Jesús de retirarse a orar y su importancia.

## Análisis

¿Cómo podemos priorizar los momentos regulares de soledad y oración en nuestras vidas ocupadas?

## Reflexión

9 781963 998085